porc

Révision et correction: Monique Richard
Photo de la couverture: Tango
Infographie: Johanne Lemay

La Fédération des producteurs de porcs du Québec remercie la compagnie Lafleur d'avoir fourni quelques-unes des recettes publiées dans ce livre. Les autres recettes proviennent de la collection de recettes de la Fédération.

Catalogage avant publication
de la Bibliothèque nationale du Canada

Porc

(Tout un plat!)

1. Cuisine (Porc). I. Fédération des producteurs de porcs du Québec. II. Collection.

TX749.5.P67P67 2004 641.6'64 C2004-941382-1

Gouvernement du Québec – Programme de crédit d'impôt pour l'édition de livres – Gestion SODEC – www.sodec.gouv.qc.ca

L'Éditeur bénéficie du soutien de la Société de développement des entreprises culturelles du Québec pour son programme d'édition.

Conseil des Arts du Canada | Canada Council for the Arts

Nous remercions le Conseil des Arts du Canada de l'aide accordée à notre programme de publication.

Nous reconnaissons l'aide financière du gouvernement du Canada par l'entremise du Programme d'aide au développement de l'industrie de l'édition (PADIÉ) pour nos activités d'édition.

Dépôt légal: 3e trimestre 2004
Bibliothèque nationale du Québec

ISBN 2-7619-1980-7

DISTRIBUTEURS EXCLUSIFS:

- Pour le Canada
  et les États-Unis:
  MESSAGERIES ADP*
  955, rue Amherst
  Montréal, Québec
  H2L 3K4
  Tél.: (514) 523-1182
  Télécopieur: (514) 939-0406
  * Filiale de Sogides ltée

- Pour la France et les autres pays:
  INTERFORUM
  Immeuble Paryseine, 3, Allée de la Seine
  94854 Ivry Cedex
  Tél.: 01 49 59 11 89/91
  Télécopieur: 01 49 59 11 96
  Commandes: Tél.: 02 38 32 71 00
  Télécopieur: 02 38 32 71 28

- Pour la Suisse:
  INTERFORUM SUISSE
  Case postale 69 - 1701 Fribourg - Suisse
  Tél.: (41-26) 460-80-60
  Télécopieur: (41-26) 460-80-68
  Internet: www.havas.ch
  Email: office@havas.ch
  DISTRIBUTION: OLF SA
  Z.I. 3, Corminbœuf
  Case postale 1061
  CH-1701 FRIBOURG
  Commandes: Tél.: (41-26) 467-53-33
  Télécopieur: (41-26) 467-54-66

- Pour la Belgique et le Luxembourg:
  INTERFORUM BENELUX
  Boulevard de l'Europe 117
  B-1301 Wavre
  Tél.: (010) 42-03-20
  Télécopieur: (010) 41-20-24
  http://www.vups.be
  Email: info@vups.be

tout un plat !

porc

LES ÉDITIONS DE L'HOMME

Introduction

De nos jours, cuisiner est une invitation à la découverte, à l'expérimentation et à la créativité. Même si les grands classiques auront toujours leur place à table, nous sommes de plus en plus tentés d'essayer d'autres manières d'apprêter les aliments. Cette nouvelle ère est due en grande partie à la variété infinie d'ingrédients disponibles sur le marché et à l'influence de la cuisine internationale sur nos propres façons de faire. Nous utilisons avec curiosité et abondance des ingrédients qui ne figuraient même pas dans nos livres de recettes il y a une quinzaine d'années à peine. Le piment d'Espelette, la sauce hoisin, le wasabi, le lait de coco, la liqueur d'érable, la salsa, la sauce thaïlandaise ne sont plus des inconnus pour nous et ils font maintenant partie de notre garde-manger. Ce mélange des cultures, des saveurs et des parfums a su créer une nouvelle cuisine inventive, joyeuse et audacieuse que nous n'avons certes pas fini d'explorer. Des légumes autrefois inconnus, des épices dont on ignorait même le nom, des condiments qui font rêver de la Thaïlande ou de la Jamaïque, voilà de quoi alimenter à l'infini notre goût du renouveau.

Nous vous proposons ce livre de recettes qui correspond parfaitement à cet esprit d'ouverture et d'expérimentation. Vous serez emballés par la simplicité et l'originalité de chacun des plats que nous avons inventés pour vous. Autrefois associé à la cuisine traditionnelle québécoise, le porc a lui aussi su s'adapter de manière remarquable à l'évolution extraordinaire que nous observons dans l'univers gastronomique. La simple lecture des titres des recettes vous enchantera et vous mettra sans aucun doute l'eau à la bouche.

UNE VIANDE DE QUALITÉ DANS VOTRE ASSIETTE

La réputation de qualité du porc du Québec a fait le tour du monde et ce n'est certainement pas le fruit du hasard. Beaucoup de gens y travaillent fort et avec grand soin, que ce soit les producteurs dévoués ou tous les intervenants, en aval comme en amont.

Pour atteindre cette qualité, les producteurs de porcs doivent respecter des normes sanitaires très rigoureuses et appliquer des méthodes d'élevage modernes. Après des années de recherche, toutes les étapes sont planifiées de façon à s'assurer de cette qualité. Au fil du temps, les producteurs ont sélectionné des races de porcs qui leur permettent d'élever des animaux offrant de la viande plus maigre qu'auparavant.

On trouve au Québec plus de 3000 fermes d'élevage de porcs dont la plupart sont des entreprises familiales. Les animaux y sont nourris de maïs, d'orge et de soja ainsi que de suppléments de vitamines et de minéraux de façon à répondre précisément à leurs besoins nutritionnels.

On ne retrouve aucun résidu de médicaments dans la viande de porc produite au Québec. Cela est le résultat d'un travail d'équipe : chaque médicament donné à un

animal doit être approuvé par Santé Canada, puis prescrit par un vétérinaire. Aucun médicament ne peut être utilisé si on n'a pas démontré scientifiquement qu'il ne laisse aucun résidu. Lorsque l'animal est envoyé à l'abattoir, on vérifie par un prélèvement d'échantillons que le tout a bien réussi et que la viande est parfaite pour la consommation.

De plus, il est interdit d'utiliser des hormones de croissance pour produire du porc au Canada. Connaissant toutes les qualités du porc du Québec, vous pouvez profiter pleinement de cette viande succulente à la fois maigre, saine et nutritive.

Nous sommes de plus en plus conscients de l'importance de manger sainement. Parmi toutes les recommandations parfois contradictoires dont nous sommes bombardés, l'une ressort avec force : la nécessité de varier notre alimentation pour obtenir tout ce dont notre corps a besoin. Le porc, une viande maigre et nutritive qu'on peut servir d'innombrables façons, permet d'obtenir cette variété.

D'abord il faut savoir que le porc vendu aujourd'hui au Québec est beaucoup plus maigre qu'il y a quelques années. À mesure que la population se souciait de plus en plus de bien se nourrir, les éleveurs ont sélectionné les races de porcs les plus appropriées. C'est ce qui leur permet de nos jours de produire des porcs offrant plus de viande maigre.

Toute l'année, que ce soit bien au chaud dans votre foyer au cœur de l'hiver ou en profitant des plaisirs du barbecue en vacances, vous pouvez déguster du porc. Il se présente en coupes très diverses, que vous pouvez apprêter pour des occasions allant du pique-nique en famille au repas très élaboré, en passant par tous ces soirs où vous avez envie de bien manger sans vous casser la tête. Vous trouverez dans ce livre des recettes appropriées à toutes les situations.

LE PORC AU MENU

Quand vous entendez le mot porc, revoyez-vous les rôtis ultra-cuits que servait votre mère le dimanche midi ? Les côtelettes un peu calcinées que votre père retirait de la grille du barbecue après les y avoir laissées le nombre de minutes réglementaire ? Il est temps que vous mettiez à jour vos connaissances : le porc trop cuit, c'est fini.

Le porc d'aujourd'hui, grâce à des méthodes d'élevage peaufinées au fil des années, est beaucoup plus maigre que celui d'autrefois, beaucoup plus sain aussi. C'est pourquoi on peut le cuire moins longtemps. À feu doux, cela permet de lui conserver toute sa tendreté. Lorsqu'il est bien cuisiné, le porc fond dans la bouche.

MÊME POUR CEUX QUI COMPTENT LES CALORIES…

De plus, le porc constitue un aliment beaucoup moins riche en calories qu'on pourrait le penser. Il est beaucoup plus maigre qu'auparavant. Les côtelettes, coupées dans le milieu de la longe, contiennent de nos jours 42 % moins de gras qu'en 1987 !

Quant au filet, il ne contient plus que 3,6 g de gras par 100 g. Les coupes plus grasses peuvent facilement être dégraissées après la cuisson, le gras s'enlevant aisément au couteau.

D'ailleurs, il ne faut pas penser qu'il est nécessaire d'éliminer tout le gras de son alimentation. Une certaine quantité de gras est essentielle au fonctionnement du corps humain. Il permet l'absorption des vitamines A, D, E et K et de garder les membranes cellulaires en bon état. La petite quantité de gras qui est présente dans une coupe de porc maigre l'empêche de se dessécher pendant la cuisson. C'est la présence d'un minimum de gras qui donne toute sa saveur au porc.

Brochettes, carrés, escalopes, filets, rôtis, steaks et terrines sauront égayer vos menus grâce à la manière originale de les apprêter. Les porc-burgers, les sandwiches, les soupes et les casseroles vous permettront de donner de nouvelles couleurs à vos mets de tous les jours. Quant à vos repas de fête, ils trouveront vite preneur grâce aux recettes plus élaborées que nous avons concoctées pour vous. Côtelettes au sésame, Escalopes farcies aux abricots, Filets au vinaigre balsamique ou farcis en pâte phyllo, Jarrets à l'italienne, Médaillons aux pleurotes, Terrine aux noisettes et au Frangelico… qui a dit que les plats à base

de porc devaient être limités aux recettes traditionnelles ?

Place à la découverte ! Essayez ces nouvelles recettes avec joie, prenez le temps de cuisiner avec vos enfants et vos amis, adaptez les recettes qui vous plaisent le plus en y ajoutant quelques-uns de vos ingrédients préférés, bref voici de quoi vous régaler sur tous les plans. Bon appétit !

SOUPES ET SALADES

Soupe aux légumes et aux boulettes de porc à l'estragon

6 à 8 portions · Préparation : 30 min · Cuisson : 30 min

PRÉPARATION

• Dans un bol, mélanger le porc, le riz, l'ail et les oignons. Assaisonner. Bien mélanger et façonner des boulettes de 60 g (2 oz) environ. Réserver.

• Dans une casserole, faire revenir les légumes environ 5 min dans l'huile. Mouiller avec le bouillon, ajouter les tomates et l'estragon. Rectifier l'assaisonnement. Amener à ébullition et incorporer les boulettes de viande. Laisser mijoter 30 min. Garnir avec quelques feuilles d'estragon.

INGRÉDIENTS

- 300 g (10 oz) de porc haché maigre
- 75 g (½ tasse) de riz, cuit
- 1 gousse d'ail, hachée
- 60 g (½ tasse) d'oignons, hachés finement
- 100 g (½ tasse) de courgettes, en petits dés
- 100 g (½ tasse) de céleri, émincé
- 100 g (½ tasse) de navet, en petits dés
- 2 c. à soupe d'huile végétale
- 750 ml (3 tasses) de bouillon de légumes
- 540 g (1 lb 2 oz) de tomates, en dés
- 1 c. à café (1 c. à thé) d'estragon frais
- Sel et poivre noir frais moulu

Soupe au chou et au porc

6 à 8 portions · Préparation : 20 min · Cuisson : 30 min

• Dans une casserole, faire dorer les oignons dans l'huile. Ajouter le porc et le faire raidir. Ajouter le reste des ingrédients, sauf le persil. Amener à ébullition et laisser mijoter 30 min. Rectifier l'assaisonnement. Garnir de persil.

- 1 oignon moyen, haché
- 2 c. à soupe d'huile de canola (colza)
- 150 g (5 oz) de lanières de porc, en dés
- 800 g (4 tasses) de chou, en petits dés
- 200 g (1 tasse) de carottes, râpées
- ½ c. à café (½ c. à thé) de thym séché
- ½ c. à café (½ c. à thé) de graines de cumin
- 1 c. à café (1 c. à thé) d'ail, haché
- 1 litre (4 tasses) de bouillon au choix
- Sel et poivre noir frais moulu
- 1 c. à soupe de persil frais, haché

Salade tiède de porc au vinaigre balsamique

4 portions · Préparation : 5 min · Cuisson : 10 min

INGRÉDIENTS

- 2 c. à soupe d'huile végétale
- 1 c. à soupe de beurre
- 12 pointes d'asperges blanches
- 1 carotte, émincée ou en julienne
- 1 oignon rouge, émincé
- 1 gousse d'ail, hachée
- 4 côtelettes de porc de 150 g (5 oz) chacune
- 80 ml (1/3 tasse) de vinaigre balsamique
- Le jus d'un demi-citron
- Sel et poivre noir frais moulu
- 100 g (2 tasses) de laitue déchiquetée
- 2 c. à café (2 c. à thé) de coriandre fraîche, hachée

PRÉPARATION

• Chauffer l'huile et le beurre dans un poêlon. Sauter les asperges et les carottes à feu moyen, jusqu'à ce que les carottes soient tendres. Retirer les légumes et réserver. Dans le même poêlon, faire revenir les oignons et l'ail à feu vif. Ajouter le porc et cuire de 4 à 5 min. Déglacer avec le vinaigre balsamique et laisser réduire 1 min. Incorporer le jus de citron et assaisonner.

• Dans quatre assiettes, disposer les légumes sur des nids de laitue. Garnir chaque portion de lanières de porc et utiliser le mélange de vinaigre balsamique et de jus de citron comme vinaigrette en ajoutant un filet d'huile si nécessaire. Décorer de coriandre. Servir tiède.

Soupe repas aux saveurs de l'Asie

8 portions · Préparation : 30 min · Cuisson : 22 à 25 min

INGRÉDIENTS

- 1 kg (2 lb) de lanières de porc
- 125 ml (½ tasse) de tamari
- 360 g (12 oz) de vermicelles de riz
- 4 c. à soupe d'huile végétale
- 60 g (2 oz) de gingembre frais, pelé et coupé en tranches
- 4 tiges de citronnelle, parées et hachées finement
- 8 gousses d'ail, émincées
- 125 ml (½ tasse) de vinaigre de riz
- 4 c. à soupe de sauce de poisson
- 3,5 litres (14 tasses) de bouillon de poulet
- 3 anis étoilés
- 2 c. à soupe de sauce soja
- 4 c. à café (4 c. à thé) d'huile de sésame
- Sel et poivre noir frais moulu

PRÉPARATION

• Dans un récipient hermétique, mélanger le porc et le tamari. Laisser reposer 20 min dans le réfrigérateur.

• Cuire les vermicelles dans l'eau bouillante selon les indications sur l'emballage. Égoutter et réserver. Dans une poêle antiadhésive, chauffer l'huile végétale et faire revenir le porc 8 min. Retirer et réserver. Réduire le gingembre, la citronnelle, l'ail, le vinaigre et la sauce de poisson en purée à l'aide du robot de cuisine. Entre-temps, porter le bouillon à ébullition et ajouter le mélange au gingembre et l'anis. Laisser mijoter 15 min. Retirer l'anis. Ajouter la sauce soja et l'huile de sésame. Assaisonner. Maintenir fumant.

• Déposer 90 g (3 oz) de lanières et 210 g (7 oz) de vermicelles dans un grand bol. Ajouter 425 ml (1 ¾ tasse) de bouillon fumant.

Potage Crécy au bacon et au cheddar

4 portions · Préparation : 5 min · Cuisson : 20 min

PRÉPARATION

• Faire fondre le beurre à feu moyen dans une grande casserole. Faire revenir les oignons, les carottes et les pommes de terre de 3 à 4 min.

• Mouiller avec le fond de volaille et assaisonner généreusement. Amener à ébullition et laisser mijoter de 20 à 25 min, jusqu'à ce que les légumes soient tendres.

• Réduire le potage en purée à l'aide du mélangeur ou du robot de cuisine. Rectifier l'assaisonnement et réserver au chaud.

• Parsemer chaque bol de bacon et de cheddar au moment de servir.

INGRÉDIENTS

- 2 c. à soupe de beurre
- 1 oignon, haché
- 540 g (3 tasses) de carottes, pelées et émincées
- 250 g (1 tasse) de pommes de terre, pelées et coupées en dés
- 1 litre (4 tasses) de fond ou de bouillon de volaille
- Sel et poivre noir frais moulu
- 75 g (2 ½ oz) de bacon précuit, en morceaux
- 120 g (1 tasse) de cheddar, râpé

Salade tiède de porc et de légumes grillés

4 portions · Préparation : 25 min · Cuisson : 15 min

INGRÉDIENTS

VINAIGRETTE

- 125 ml (1/2 tasse) de vinaigre balsamique
- 250 ml (1 tasse) d'huile d'olive
- 2 c. à soupe de moutarde de Dijon
- 1 c. à soupe de thym séché
- 2 c. à soupe d'ail, haché
- 1 1/2 c. à café (1 1/2 c. à café) de sucre

SALADE

- 2 oignons espagnols moyens, en quartiers
- 2 courgettes, en biseaux
- 2 poivrons rouges, en lanières
- 480 g (1 lb) de champignons, en quartiers
- 4 c. à soupe d'huile d'olive
- 4 côtelettes de porc
- 8 croûtons à l'huile d'olive (fines tranches de baguette)
- 90 g (3 oz) de fromage de chèvre, émietté
- 12 quartiers de tomate
- 12 olives noires
- 400 g (8 tasses) de laitues mélangées

PRÉPARATION

• Mélanger les ingrédients de la vinaigrette. Dans un bol, faire mariner les légumes dans la vinaigrette 30 min à température ambiante. Égoutter les légumes et réserver la vinaigrette. Griller les légumes sous le gril environ 3 min de chaque côté, jusqu'à ce qu'ils soient légèrement noircis. Réserver.

• Chauffer l'huile dans un poêlon. Cuire les côtelettes environ 3 min de chaque côté, jusqu'à cuisson légèrement rosée. À mi-cuisson, ajouter les légumes pour les réchauffer. Dans chacune des assiettes de service, disposer une côtelette tranchée en biseaux, ajouter des légumes grillés, des croûtons, du fromage, des tomates et des olives sur un nid de laitue. Arroser avec 2 c. à soupe de vinaigrette.

Salade de pâtes à la saucisse

4 portions · Préparation : 10 min · Cuisson : 15 min

PRÉPARATION

• Cuire les pâtes de 8 à 10 min dans l'eau bouillante salée selon les indications inscrites sur l'emballage. Égoutter.

• Cuire les saucisses de 5 à 6 min à feu moyen dans un grand poêlon antiadhésif. Laisser reposer quelques minutes et couper en tranches.

• Dans un grand bol, mélanger les pâtes, les saucisses et les légumes. Dans un petit bol, préparer la vinaigrette avec l'huile, le vinaigre, l'ail et le persil. Assaisonner. Ajouter la vinaigrette au mélange de pâtes et rectifier l'assaisonnement. Laisser reposer au moins 30 min dans le réfrigérateur pour permettre un bon mélange des saveurs.

INGRÉDIENTS

- 450 g (3 tasses) de pâtes courtes au choix
- 1 paquet de 390 g (13 oz) de saucisses fraîches
- 200 g (1 tasse) de carottes, râpées
- 4 oignons verts, hachés
- 200 g (1 tasse) de tomates séchées conservées dans l'huile, émincées
- 80 ml (1/3 tasse) d'huile de canola (colza)
- 2 c. à soupe de vinaigre de cidre ou de vin
- 1 gousse d'ail, hachée
- 10 g (1/4 tasse) de persil frais, haché
- Sel et poivre noir frais moulu

Salade de porc et de mangues

4 portions · Préparation : 20 min · Cuisson : 2 à 3 min

INGRÉDIENTS

- 180 g (1 tasse) de lamelles de porc maigre, en petits dés
- 3 c. à soupe d'huile d'olive épicée
- 2 c. à soupe de miel
- 2 c. à soupe de graines de sésame
- 1 mangue, pelée et coupée en julienne
- 90 g (½ tasse) de fond d'artichauts coupés en morceaux
- 90 g (½ tasse) de cœurs de palmier, en tranches
- 90 g (½ tasse) de haricots verts, cuits
- 90 g (½ tasse) de petits champignons, en tranches
- 120 g (½ tasse) de petites tomates rouges ou jaunes
- Sel et poivre noir frais moulu
- 6 feuilles de laitue rouge

VINAIGRETTE

- 4 c. à soupe de jus d'orange
- 2 c. à soupe de moutarde de Dijon
- 1 jaune d'œuf
- 4 c. à soupe d'huile d'olive
- 2 c. à soupe de coriandre, hachée
- 2 c. à soupe de vinaigre balsamique

PRÉPARATION

• Dans un wok, faire revenir le porc dans l'huile épicée 2 min à feu moyen. Ajouter le miel et les graines de sésame. Remuer et laisser refroidir.

• Dans un bol, mélanger les légumes, la mangue et le porc. Assaisonner. Dresser dans un saladier tapissé de laitue rouge ou dans des assiettes individuelles.

• Pour préparer la vinaigrette, mélanger le jus d'orange et la moutarde. Ajouter le jaune d'œuf, l'huile et la coriandre. Terminer avec le vinaigre balsamique. Verser sur la salade, remuer et servir.

Poires farcies au jambon fumé

4 portions • Préparation : 10 min

PRÉPARATION

• Tailler le bout arrondi à la base de chaque demi-poire pour qu'elle reste bien en place dans l'assiette.

• Dans un bol, mélanger le yogourt, le jus de citron vert et la pâte de cari. Ajouter le jambon, les légumes, le sel et le poivre. Déposer le mélange de jambon dans la partie creuse des poires.

INGRÉDIENTS

- 80 g (1/3 tasse) de yogourt nature
- Le jus d'un demi-citron vert
- 2 c. à café (2 c. à thé) de pâte de cari ou de cari en poudre
- 270 g (9 oz) de jambon fumé, émincé
- 30 g (1/4 tasse) de poivrons rouges, en dés
- 2 oignons verts, hachés
- 30 g (1/4 tasse) de concombres, en dés
- Sel et poivre noir frais moulu
- 2 poires mûres, coupées en deux sur la longueur et évidées

Terrine de porc au cinq-poivres

8 portions • Préparation : 25 min • Macération : 4 h • Cuisson : 1 h 30

INGRÉDIENTS

- 1 kg (2 lb) de porc, en cubes
- 125 ml (1/2 tasse) de vin blanc
- 2 c. à soupe de beurre
- 80 g (2/3 tasse) d'oignons, hachés finement
- Sel
- 2 c. à soupe de cinq-poivres
- 12 tranches de bacon

PRÉPARATION

- Dans un contenant hermétique, faire macérer le porc dans le vin de 3 à 4 h au réfrigérateur. Dans une poêle antiadhésive, faire revenir les oignons dans le beurre. Saler et poivrer.
- Déglacer avec le vin de la macération et dissoudre les sucs caramélisés. Cuire jusqu'à évaporation du liquide. Retirer et réserver.
- Passer la viande et les oignons au hachoir. Bien mélanger. Couvrir le fond et les parois d'une terrine ou d'un moule à pain avec des tranches de bacon. Verser le mélange dans le moule et bien tasser. Couvrir avec quelques tranches de bacon.
- Cuire dans un bain-marie mis au four à 135 °C (275 °F) environ 1 h 30, jusqu'à ce que la température atteigne 70 °C (160 °F) à cœur.
- À la sortie du four, placer un autre moule identique sur le dessus et y déposer un poids afin de compresser la terrine pendant le refroidissement. Réfrigérer 24 h avant de démouler.

INGRÉDIENTS

- 200 g (1 tasse) de pommes de terre, pelées et coupées en dés
- 180 g (1 tasse) de carottes, pelées et coupées en dés
- 1 litre (4 tasses) d'eau froide
- 1 c. à soupe de gros sel
- 480 g (1 lb) de jambon, en dés
- 3 c. à soupe de beurre
- 1 oignon, haché
- 1 branche de céleri, émincée
- 1 ½ c. à soupe de farine
- 375 ml (1 ½ tasse) de lait
- 125 ml (½ tasse) de crème épaisse (35 %)
- 1 pincée de muscade moulue
- 2 c. à soupe de persil frais, haché
- Sel et poivre noir frais moulu
- 1 abaisse de pâte brisée (pâte à tarte)
- 1 œuf battu avec un peu d'eau

Pâté de jambon campagnard

4 portions · Préparation : 10 min · Cuisson : 25 min

PRÉPARATION

- Préchauffer le four à 180 °C (350 °F).
- Dans une grande casserole, cuire les pommes de terre et les carottes dans l'eau salée. Amener à ébullition et laisser mijoter jusqu'à ce qu'elles soient tendres. Égoutter et réserver dans un moule à tarte profond avec le jambon.
- Dans la même casserole, déposer 1 c. à soupe de beurre et faire revenir les oignons et le céleri jusqu'à ce qu'ils soient légèrement dorés. Incorporer les légumes au mélange de jambon.
- Dans la même casserole, faire fondre le reste du beurre à feu moyen et ajouter la farine pour faire un roux (mélange à parts égales de beurre et de farine). Incorporer graduellement le lait en remuant à l'aide d'un fouet. Amener à ébullition et laisser mijoter jusqu'à épaississement. Ajouter la crème, la muscade, le persil, le sel et le poivre.
- Verser la sauce sur le mélange de jambon. Couvrir avec l'abaisse, pincer la pâte pour la maintenir en place en la laissant dépasser un peu autour. Badigeonner la pâte avec l'œuf battu et cuire au centre du four de 12 à 15 min, jusqu'à ce qu'elle soit dorée.

Terrine de porc aux noisettes et au Frangelico

4 portions · Préparation : 20 min · Cuisson : 1 h 45

PRÉPARATION

- Dans un petit bol, faire macérer les noisettes dans la liqueur 15 min.
- Dans un grand bol, mélanger les noisettes, la liqueur, le porc, les oignons, l'ail, le persil, les œufs, la crème, le piment de la Jamaïque, le sel et le poivre.
- Verser la préparation dans un moule à pain tapissé de papier ciré (paraffiné). Disposer les oignons et le reste des noisettes sur le dessus. Couvrir de papier d'aluminium.
- Préchauffer le four à 190 °C (375 °F). Déposer le moule à pain dans une rôtissoire remplie d'eau bouillante jusqu'à mi-hauteur du moule. Cuire au four 1 h 45.
- Laisser tiédir, puis réfrigérer au moins 12 h avant de servir.

INGRÉDIENTS

- 80 g (2/3 tasse) de noisettes entières
- 4 c. à soupe de liqueur de noisettes Frangelico
- 1,5 kg (3 1/4 lb) de porc haché mi-maigre
- 1 oignon, haché
- 2 gousses d'ail, hachées finement
- 20 g (1/2 tasse) de persil frais, haché
- 2 œufs, légèrement battus
- 80 ml (1/3 tasse) de crème épaisse (35 %)
- 1/2 c. à café (1/2 c. à thé) de piment de la Jamaïque
- Sel et poivre noir frais moulu
- 6 rondelles d'oignon
- 12 noisettes entières

SANDWICHES ET BURGERS

Sandwiches roulés au porc et à la rémoulade

4 portions · Préparation : 10 min · Cuisson : 6 à 12 min

PRÉPARATION

- Mélanger la mayonnaise, le vinaigre de vin, les échalotes et le poivre. Réserver la moitié dans le réfrigérateur et enrober les côtelettes avec le reste. Si désiré, couvrir et laisser mariner 2 h dans le réfrigérateur.
- Griller à chaleur moyenne de 6 à 12 min sur le barbecue, sous le gril du four ou dans un poêlon. Retourner à l'aide d'une pince à mi-cuisson. Saler après la cuisson seulement.
- Mélanger les radis, les courgettes, le persil et la sauce. Réserver. Découper les côtelettes en lanières. Rouler le tout dans des tortillas tapissées de laitue.

INGRÉDIENTS

- 125 ml (1/2 tasse) de mayonnaise dijonnaise ou moitié mayonnaise, moitié moutarde de Dijon
- 1 c. à soupe de vinaigre de vin blanc
- 1 échalote sèche, hachée finement
- Poivre noir frais moulu
- 4 côtelettes de porc désossées de 150 g (5 oz) chacune
- 90 g (3/4 tasse) de radis, en fines rondelles
- 90 g (3/4 tasse) de courgettes, râpées
- 10 g (1/4 tasse) de persil frais, haché
- 4 grandes tortillas de blé minces et souples
- 4 grandes feuilles de laitue frisée

Sandwiches au porc et aux champignons gratinés

4 portions ou 8 demi-portions · Préparation : 15 min · Cuisson : 10 min

- Faire griller les bagels, puis les badigeonner de beurre et de moutarde. Garnir de tranches de porc.
- Dans une poêle antiadhésive, sauter les champignons dans le beurre et les déposer sur les bagels. Saler et poivrer. Couvrir de fromage, faire gratiner au four et servir.

- 4 bagels, coupés en deux
- Beurre
- Moutarde de Dijon
- 300 g (10 oz) de rôti de porc, en fines tranches
- 200 g (1 tasse) de champignons, en tranches
- 2 c. à soupe de beurre
- Sel et poivre noir frais moulu
- 300 g (2 1/2 tasses) de gruyère, râpé

Sandwiches roulés au porc et à la rémoulade

Sandwiches au porc, aux pommes et aux oignons caramélisés

4 portions · Préparation : 25 min · Cuisson : 15 min

PRÉPARATION

- Fariner les escalopes et les tremper dans les œufs. Saler, poivrer et enrober de chapelure.
- Cuire les escalopes 1 min de chaque côté dans une poêle antiadhésive avec la moitié du beurre. Réserver.
- Dans la même poêle, faire fondre le reste du beurre et la cassonade, puis caraméliser les pommes et les oignons.
- Tartiner les pains de mayonnaise. Pour chaque sandwich, déposer une escalope et un peu du mélange pommes et oignons. Compléter avec les tranches de tomate et les feuilles de laitue. Refermer et servir.

INGRÉDIENTS

- 4 escalopes de porc de 75 g (2 ½ oz) chacune
- 90 g (½ tasse) de farine
- 2 œufs, battus
- Sel et poivre noir frais moulu
- 40 g (⅔ tasse) de chapelure
- 5 c. à soupe de beurre
- 3 c. à soupe de cassonade
- 2 pommes, pelées et coupées en tranches
- 1 oignon rouge moyen, en tranches
- 4 pains kaiser
- 125 ml (½ tasse) de mayonnaise
- 8 tranches de tomates
- 8 feuilles de laitue

Sandwiches surprise à l'italienne

4 portions · Préparation : 15 min · Cuisson : 15 min

- Dans une poêle antiadhésive, cuire les saucisses dans 2 c. à soupe d'huile. Réserver.
- Dans la même poêle, verser le reste de l'huile et faire revenir les poivrons, les oignons et les courgettes en prenant soin qu'ils restent fermes. Saler, poivrer et ajouter l'origan. Déglacer avec le vinaigre.
- Griller les pains et y déposer les saucisses, les légumes, le parmesan et le basilic.

- 4 saucisses de porc à l'italienne, coupées en deux sur la longueur
- 4 c. à soupe d'huile d'olive
- 1 poivron vert, émincé
- 1 poivron rouge, émincé
- 1 oignon rouge, émincé
- 1 courgette, émincée
- Sel et poivre noir frais moulu
- 1 c. à café (1 c. à thé) d'origan
- 2 c. à soupe de vinaigre balsamique
- 4 foccacia, coupés en deux
- 3 c. à soupe de parmesan, râpé
- 1 c. à soupe de basilic frais, émincé

Sandwiches au porc, aux pommes et aux oignons caramélisés

Burgers-falafels de porc

4 portions •Préparation : 20 min • Cuisson : 6 à 8 min

INGRÉDIENTS

- 480 g (1 lb) de porc haché maigre
- 10 g (1/4 tasse) de persil frais, haché
- 2 c. à café (2 c. à thé) de cumin moulu
- Sel et poivre noir frais moulu
- 20 g (1/3 tasse) de chapelure
- 1 c. à soupe d'huile de canola (colza)
- 4 pains pitas de blé entier
- 60 g (1/2 tasse) de hoummos vendu dans le commerce
- 2 tomates, en dés
- 50 g (1 tasse) de laitue Iceberg, hachée
- 4 c. à soupe de tzatziki vendu dans le commerce

PRÉPARATION

• Mélanger le porc, le persil, le cumin et le poivre. Façonner le mélange en 12 boulettes et les rouler dans la chapelure.

• Chauffer l'huile à feu moyen dans un grand poêlon antiadhésif et cuire les boulettes de 6 à 8 min.

• Pour servir, étendre 2 c. à soupe de hoummos sur le pain pita, puis placer 3 boulettes au centre. Garnir de tomates, de laitue et de tzatziki. Rouler comme un cornet et faire tenir à l'aide d'un papier ciré (paraffiné).

Porc-burgers à la parisienne

4 portions · Préparation : 20 min · Cuisson : 6 à 8 min

PRÉPARATION

• Pour obtenir une rémoulade, mélanger la mayonnaise, 1 c. à soupe de moutarde, les cornichons, les câpres, le jus de citron et le persil. Poivrer et réserver au frais.

• Mélanger le porc avec les oignons, 1 c. à soupe de moutarde et le zeste de citron. Façonner en quatre galettes de 1,25 cm (½ po) d'épaisseur et poivrer.

• Griller à feu moyen-élevé de 6 à 8 min sur le barbecue ou dans un poêlon. Retourner à l'aide d'une spatule à mi-cuisson. Saler seulement après la cuisson.

• Servir dans les pains garnis de laitue frisée et de mayonnaise rémoulade et accompagner de crudités (bâtonnets de concombre, lanières de poivron rouge, champignons, etc.) et de tortillas de maïs cuites au four.

INGRÉDIENTS

- 125 ml (½ tasse) de mayonnaise légère
- 2 c. à soupe de moutarde à l'ancienne
- 1 c. à soupe de cornichons sucrés, hachés finement
- 1 c. à soupe de câpres, hachées finement
- 1 c. à soupe de jus de citron
- 2 c. à soupe de persil frais, haché
- Poivre noir frais moulu
- 480 g (1 lb) de porc haché maigre
- 30 g (¼ tasse) d'oignons, hachés finement
- 1 c. à soupe de zeste de citron
- Sel
- 4 pains kaiser, fendus en deux et grillés
- 4 feuilles de laitue frisée

Escalopes de porc farcies aux abricots

4 portions · Préparation : 20 min · Cuisson : 8 à 10 min

PRÉPARATION

• Mélanger 2 c. à soupe de porto, les abricots, la chapelure et le basilic. Assaisonner. Répartir la préparation au centre des escalopes. Rouler les escalopes et faire tenir avec des cure-dents.

• Fariner les roulades et secouer l'excédent. Poivrer. Chauffer l'huile à feu moyen dans un poêlon antiadhésif. Faire revenir les roulades 1 min de chaque côté. Couvrir et cuire de 8 à 10 min en les retournant souvent. Saler.

• Déglacer le poêlon avec le reste du porto. Ajouter les noix, incorporer la fécule et laisser épaissir à feu doux. Accompagner de haricots verts cuits à la vapeur et de pommes de terre grelots rôties.

INGRÉDIENTS

- 175 ml (3/4 tasse) de porto blanc
- 90 g (1/2 tasse) d'abricots séchés, hachés
- 3 c. à soupe de chapelure
- 3 c. à soupe de basilic frais, haché
- Sel et poivre noir frais moulu
- 4 escalopes de porc de 150 g (5 oz) chacune
- 4 c. à soupe de farine
- 1 c. à soupe d'huile de canola (colza)
- 2 c. à café (2 c. à thé) de fécule de maïs, délayée dans un peu d'eau
- Noix

Escalopes de porc aux poires et au brie

4 portions · Préparation : 20 min · Cuisson : 8 à 10 min

PRÉPARATION

• Mélanger les poires et le brie. Saler et poivrer. Répartir la préparation au centre des escalopes. Rouler les escalopes et faire tenir à l'aide de cure-dents.

• Fariner les roulades et secouer l'excédent. Poivrer. Chauffer l'huile à feu moyen dans un poêlon antiadhésif. Faire revenir les roulades de 4 à 6 min sur toutes les faces. Couvrir et cuire au four 5 min de plus à 150 °C (300 °F). Saler. Retirer du poêlon et réserver au chaud.

• Déglacer le poêlon avec le vin et le bouillon. Incorporer la fécule délayée et laisser épaissir à feu doux. Accompagner d'un couscous aux fruits séchés.

INGRÉDIENTS

- 45 g (1/4 tasse) de poires, en petits dés
- 60 g (1/2 tasse) de brie, écroûté et coupé en dés
- Sel et poivre noir frais moulu
- 4 escalopes de porc de 150 g (5 oz) chacune
- 4 c. à soupe de farine
- 1 c. à soupe d'huile de canola (colza)
- 80 ml (1/3 tasse) de vin blanc
- 125 ml (1/2 tasse) de bouillon de légumes ou de volaille
- 2 c. à café (2 c. à thé) de fécule de maïs, délayée dans un peu d'eau

INGRÉDIENTS

- 60 g (1/3 tasse) de farine
- 4 c. à café (4 c. à thé) de thym séché
- 1 c. à café (1 c. à thé) de moutarde anglaise en poudre
- Sel et poivre noir frais moulu
- 4 escalopes de porc de 6 mm (1/4 po) d'épaisseur et de 150 g (5 oz) chacune
- 1 c. à soupe de beurre
- 45 g (1/4 tasse) d'oignons verts, hachés
- 150 g (1 tasse) de champignons de Paris, coupés en deux
- 125 ml (1/2 tasse) de vin blanc sec
- 45 g (1/4 tasse) de raisins secs

PRÉPARATION

Escalopes de porc forestière

4 portions · Préparation : 10 min · Cuisson : 10 min

• Mélanger la farine, le thym, la moutarde et le poivre. Fariner les escalopes et secouer l'excédent.

• Faire chauffer 1 c. à soupe de beurre à feu moyen dans un poêlon antiadhésif. Cuire les escalopes 1 min de chaque côté. Saler après cuisson seulement. Retirer du poêlon, couvrir et réserver au chaud.

• Dans le même poêlon, faire sauter les oignons verts et les champignons de 3 à 4 min. Retirer du poêlon et réserver sur les escalopes. Faire chauffer le reste du beurre, ajouter 1 c. à soupe de farine et faire brunir quelques secondes. Déglacer avec le vin blanc et ajouter les raisins secs. Servir sur les escalopes. Accompagner de frites.

INGRÉDIENTS

- 1 litre (4 tasses) d'eau
- 1 oignon, en quartiers
- 1 clou de girofle
- 1 feuille de laurier
- 3 kg (6 lb) de côtes levées (travers)
- 250 ml (1 tasse) de sauce barbecue piquante vendue dans le commerce
- 60 ml (1/4 tasse) de jus de fruit tropicaux

PRÉPARATION

Côtes levées piquantes

4 portions · Préparation : 5 min · Cuisson : 50 min

• Porter l'eau à ébullition dans une casserole. Ajouter les oignons, les clous de girofle et la feuille de laurier, puis les côtes levées. Cuire environ 45 min. Égoutter et réserver.

• Dans un bol, mélanger la sauce barbecue et le jus. Badigeonner les côtes levées avec ce mélange.

• Chauffer le barbecue ou le gril du four à feu moyen. Cuire les côtes levées de 3 à 4 min de chaque côté.

STEAKS, FILETS ET BROCHETTES

INGRÉDIENTS

- 3 c. à soupe de triple-sec ou de Grand Marnier
- 60 g (1/3 tasse) de canneberges séchées, hachées
- 3 c. à soupe de noix, hachées
- 2 c. à soupe de chapelure
- 1 c. à café (1 c. à thé) d'estragon séché
- 2 filets de porc de 225 g (7 1/2 oz) chacun
- Sel et poivre noir frais moulu
- 12 feuilles de pâte phyllo, coupées en deux
- 2 c. à soupe de beurre non salé, fondu
- 1 œuf, légèrement battu
- 1 c. à soupe de lait
- 125 ml (1/2 tasse) de jus d'orange
- 2 c. à café (2 c. à thé) de beurre

PRÉPARATION

Filets de porc farcis en pâte phyllo

4 portions · Préparation : 25 min · Cuisson : 20 à 25 min

• Préchauffer le four à 190 °C (375 °F).

• Mélanger 1 c. à soupe de triple-sec, les canneberges, les noix, la chapelure et l'estragon. Couper les filets sur la longueur pour faire des pochettes. Farcir avec la préparation et faire tenir à l'aide de cure-dents. Chauffer l'huile à feu moyen dans un poêlon antiadhésif et saisir les filets farcis sur toutes les faces. Retirer les cure-dents et assaisonner.

• Sur une surface de travail, superposer 6 feuilles de pâte phyllo. À l'aide d'un pinceau, badigeonner chaque feuille de beurre. Enrouler la pâte autour d'un filet et badigeonner la surface du mélange d'œuf et de lait. Répéter pour l'autre filet.

• Déposer sur une plaque allant au four. Cuire au four de 20 à 25 min, jusqu'à ce que le thermomètre indique 70 °C (160 °F). Laisser reposer de 2 à 3 min avant de servir. Déglacer le poêlon avec le jus d'orange et le triple-sec restant. Laisser réduire du tiers et ajouter le beurre.

• Servir en tranches avec des pommes de terre mousseline et des rapinis sautés à l'huile d'olive et à l'ail.

Steaks de porc à la thaïlandaise

4 portions • Préparation : 15 min • Cuisson : 10 min

PRÉPARATION

• Dans un bol, mélanger la sauce thaïlandaise, la sauce soja, 1 c. à café (1 c. à thé) d'huile de sésame, le gingembre et une pincée de cayenne. Réserver 60 ml (¼ tasse) de la marinade au froid. Dans un contenant hermétique, déposer le porc dans le reste de la marinade et bien enrober. Couvrir et laisser mariner de 2 à 12 h dans le réfrigérateur.

• Faire chauffer le reste de l'huile à feu moyen dans un poêlon antiadhésif. Faire revenir le porc de 2 à 3 min. Retirer du poêlon, couvrir et réserver.

• Dans le même poêlon, faire sauter le chou, le brocoli, les poivrons, les noix et les maïs de 7 à 8 min. Assaisonner.

• Servir sur un lit de riz collant et napper avec la marinade réservée, au goût.

INGRÉDIENTS

- 125 ml (½ tasse) de sauce thaïlandaise vendue dans le commerce
- 2 c. à soupe de sauce soja
- 4 c. à café (4 c. à thé) d'huile de sésame
- 1 c. à soupe de gingembre frais, râpé
- Poivre de Cayenne
- 4 steaks de porc de 150 g (5 oz) chacun, taillés en lanières sur la longueur
- 200 g (1 tasse) de chou chinois, haché
- 200 g (1 tasse) de bouquets de brocoli
- 1 poivron rouge, en lanières
- 30 g (¼ tasse) de noix de cajou non salées
- 100 g (½ tasse) d'épis de maïs miniatures, coupés en deux
- 4 portions de riz collant

Steaks de porc aux pommes

4 portions · Préparation : 15 min · Cuisson : 8 à 10 min

PRÉPARATION

• Dans un contenant hermétique, mélanger l'huile, le vinaigre, la sauge, l'ail et le poivre. Ajouter les steaks de porc et bien enrober. Couvrir et laisser mariner dans le réfrigérateur de 2 à 12 h.

• Chauffer le beurre à feu moyen dans un poêlon antiadhésif. Ajouter la cassonade, bien mélanger et cuire les pommes jusqu'à ce qu'elles soient tendres. Réserver au chaud.

• Griller les steaks à chaleur moyenne de 6 à 8 min sur le barbecue, sous le gril du four ou dans un poêlon. Retourner avec une pince à mi-cuisson. Saler après cuisson seulement. Servir avec les pommes et décorer de feuilles de sauge. Accompagner d'épinards à l'huile d'olive et aux pignons.

INGRÉDIENTS

- 125 ml (1/2 tasse) d'huile d'olive
- 60 ml (1/4 tasse) de vinaigre de cidre
- 2 c. à soupe de sauge fraîche, hachée ou de sauge séchée
- 1 gousse d'ail, pressée
- 2 c. à soupe de beurre
- 2 c. à soupe de cassonade bien tassée
- 2 pommes MacIntosh moyennes, en tranches
- 4 steaks de porc de 150 g (5 oz) chacun
- Sel et poivre noir frais moulu

INGRÉDIENTS

- 2 c. à soupe de beurre
- 2 filets de porc de 225 g (7 oz) chacun, taillés en tranches de 1,25 cm (½ po) d'épaisseur
- 2 oignons verts, hachés
- 16 pleurotes
- 125 ml (½ tasse) de pineau des Charentes
- 1 c. à soupe de thym frais
- 125 ml (½ tasse) de crème épaisse (35 %)
- Sel et poivre noir frais moulu

Médaillons de porc aux pleurotes

4 portions · Préparation : 15 min · Cuisson : 12 à 15 min

PRÉPARATION

• Chauffer le beurre à feu moyen dans un poêlon antiadhésif. Faire revenir le porc de 3 à 4 min. Retirer du poêlon et réserver.

• Dans le même poêlon, faire sauter les oignons verts et les pleurotes de 4 à 5 min. Retirer du poêlon et réserver au chaud. Ajouter le pineau des Charentes et le thym. Amener à ébullition à feu moyen-élevé et laisser réduire de 3 à 4 min en remuant. Incorporer la crème. Ajouter le porc, les oignons verts et les pleurotes. Réchauffer 1 min. Assaisonner et servir les médaillons de porc sur un lit de pleurotes. Accompagner de risotto et d'épinards.

Filets de porc au vinaigre balsamique

4 portions · Préparation : 15 min · Cuisson : 10 à 12 min

INGRÉDIENTS

- 125 ml (½ tasse) d'huile d'olive
- 60 ml (¼ tasse) de vinaigre balsamique
- 2 c. à café (2 c. à thé) d'origan séché
- 1 à 2 gousses d'ail, hachées finement
- Poivre noir frais moulu
- 2 filets de porc de 225 g (7 ½ oz) chacun, taillés sur la longueur et ouverts
- 2 à 3 tomates fraîches, épépinées et hachées finement
- 30 g (¼ tasse) de bocconcini, en dés
- 2 c. à soupe de ciboulette fraîche, hachée
- 2 c. à soupe de basilic frais, haché
- Sel

PRÉPARATION

• Dans un bol, mélanger l'huile, le vinaigre, l'origan, l'ail et le poivre. Réserver 60 ml (¼ tasse) dans le réfrigérateur. Dans un contenant hermétique, déposer les filets de porc dans le reste de la marinade et bien enrober. Couvrir et laisser mariner de 1 à 2 h dans le réfrigérateur.

• Dans un bol, mélanger les tomates, le bocconcini, la ciboulette, le basilic et la marinade réservée. Couvrir et laisser reposer 2 h dans le réfrigérateur.

• Griller à chaleur moyenne de 8 à 10 min sur le barbecue, sous le gril du four ou dans un poêlon. Retourner avec une pince à mi-cuisson. Saler après cuisson seulement. Servir avec la salsa. Accompagner de petites pommes de terre nouvelles et de légumes grillés.

CARRÉS ET RÔTIS

Carré de porc à la liqueur d'érable

4 portions · Préparation : 20 min · Cuisson : 40 à 60 min

PRÉPARATION

• Préchauffer le four à 160 °C (325 °F). Mélanger le beurre, le romarin, 2 c. à soupe de liqueur d'érable et le poivre. Enduire le carré du mélange et déposer le rôti dans une rôtissoire. Disposer les légumes tout autour, puis verser le bouillon. Assaisonner.

• Cuire au four de 40 à 60 min, jusqu'à ce que le thermomètre à viande indique 70 °C (160 °F). À la sortie du four, laisser reposer le carré dans une assiette de 10 à 15 min, lâchement recouvert de papier d'aluminium, avant de découper. Déposer les légumes dans une assiette de service. Réserver le bouillon.

• Dans la rôtissoire, amener à ébullition environ 250 ml (1 tasse) du bouillon réservé et le reste de la liqueur d'érable. Laisser réduire du tiers. Incorporer la fécule délayée et laisser épaissir à feu doux. Trancher le carré entre les côtes et servir avec les légumes. Garnir avec les tiges de romarin.

INGRÉDIENTS

- 2 c. à soupe de beurre
- 2 c. à soupe de feuilles de romarin frais, hachées
- 125 ml (1/2 tasse) de liqueur d'érable ou d'orange
- Sel et poivre noir frais moulu
- 1 carré de porc de 1 kg (2 lb), paré
- 8 pommes de terre grelots
- 2 patates douces, en quartiers
- 2 panais, en gros bâtonnets
- 375 ml (1 1/2 tasse) de bouillon de légumes ou de volaille
- 2 c. à café (2 c. à thé) de fécule de maïs, délayée dans un peu d'eau
- 4 tiges de romarin frais

INGRÉDIENTS

- 1 rôti de fesse ou de longe de porc de 1 kg (2 lb), désossé
- 2 gousses d'ail, en bâtonnets
- 2 c. à soupe de beurre ramolli
- 1 c. à soupe d'herbes de Provence
- Poivre noir frais moulu
- 375 ml (1 ½ tasse) de bouillon de volaille ou de légumes
- Sel
- 2 poivrons rouges, rôtis et coupés en cubes
- 1 oignon vert
- 2 c. à soupe de persil frais
- 2 c. à soupe de basilic frais
- 2 c. à soupe de vin blanc sec
- 2 c. à café (2 c. à thé) de jus de citron
- 1 gousse d'ail, pressée
- ½ c. à café (½ c. à thé) de sucre blanc granulé

PRÉPARATION

Rôti de porc au chutney de poivrons

4 à 6 portions • Préparation : 20 min • Cuisson : 1 h

• Préchauffer le four à 160 °C (325 °F). Déposer le rôti dans une rôtissoire, faire de petites incisions dans la chair et y insérer les éclats d'ail. Mélanger le beurre, les herbes de Provence et le poivre. Enduire le rôti du mélange et verser le bouillon. Insérer un thermomètre à viande au centre de la chair et déposer dans une rôtissoire.

• Cuire au four environ 1 h, jusqu'à ce que le thermomètre à viande indique 70 °C (160 °F). À la sortie du four, laisser reposer de 10 à 15 min, lâchement recouvert d'une feuille de papier d'aluminium. Saler.

• Déposer les poivrons, l'oignon vert, le persil, le basilic, le vin, le jus de citron, l'ail et le sucre dans le mélangeur. Combiner par pulsations jusqu'à l'obtention d'une compote. Saler et poivrer. Servir sur des tranches de rôti. Accompagner de pommes de terre rissolées et de choux de Bruxelles.

MIJOTÉS ET SAUTÉS

Sauté de porc au cari

4 portions · Préparation : 15 min · Cuisson : 10 min

PRÉPARATION

• Chauffer l'huile à feu moyen dans un grand poêlon antiadhésif. Faire revenir le porc de 2 à 3 min. Retirer du poêlon, couvrir et réserver.

• Dans le même poêlon, faire sauter les oignons, le cari, les tomates, les abricots et les épinards de 4 à 5 min. Ajouter le porc et réchauffer 1 min. Assaisonner. Accompagner sur un lit de riz garni de persil.

INGRÉDIENTS

- 1 c. à soupe d'huile d'olive
- 4 côtelettes de porc désossées de 150 g (5 oz) chacune, taillées en lanières sur la longueur
- 1 oignon, haché grossièrement
- 2 c. à café (2 c. à thé) de cari indien
- 3 tomates fraîches, en dés
- 90 g (½ tasse) d'abricots séchés, hachés
- 150 g (5 oz) d'épinards frais, hachés grossièrement
- Sel et poivre noir frais moulu

Mijoté de porc au fenouil

INGRÉDIENTS

PRÉPARATION

Mijoté de porc au fenouil

4 portions · Préparation : 15 min · Cuisson : 50 min

- 4 c. à soupe de farine
- 480 g (1 lb) de cubes de porc à ragoût
- 1 c. à soupe d'huile de canola (colza)
- 1 petit oignon, émincé
- 1 bulbe de fenouil, en dés (hacher finement les feuilles)
- 4 carottes, en petits bâtonnets
- 125 ml (1/2 tasse) de vin blanc sec
- 375 ml (1 1/2 tasse) de bouillon de légumes ou de volaille
- 540 g (2 1/2 tasses) de tomates en conserve, égouttées
- Sel et poivre noir frais moulu
- 4 portions de riz basmati cuit

• Fariner les cubes de porc et secouer l'excédent.

• Chauffer l'huile à feu moyen-élevé dans une casserole à fond épais. Faire dorer le porc et les oignons de 3 à 4 min. Ajouter le fenouil, les carottes, le vin, le bouillon et les tomates. Amener à ébullition, couvrir et laisser mijoter 45 min à feu doux. Assaisonner et servir avec du riz.

Mijoté de porc à la choucroute

4 portions · Préparation : 5 min · Cuisson : 45 min

- 1 c. à soupe d'huile de canola (colza)
- 480 g (1 lb) de cubes de porc à ragoût
- 2 oignons verts, hachés
- 1 boîte de 798 ml (28 oz) de choucroute
- 175 ml (3/4 tasse) de vin blanc sec
- 3 pommes Cortland, épépinées et coupées en quartiers
- 1 feuille de laurier
- 1/2 c. à café (1/2 c. à thé) de baies de genièvre écrasées ou 1 trait de gin (facultatif)
- Sel et poivre noir frais moulu

• Chauffer l'huile à feu moyen-élevé dans une casserole à fond épais. Faire dorer le porc et les oignons verts de 3 à 4 min. Ajouter la choucroute, le vin, les pommes, la feuille de laurier et les baies de genièvre. Couvrir et laisser mijoter 45 min à feu doux. Assaisonner.

• Accompagner avec des pommes de terre grelots rouges bouillies et une touche de crème sure.

CASSEROLES ET AUTRES DÉLICES

Saucisses à la compote de pommes et d'oignons

4 portions · Préparation : 20 min · Cuisson : 30 min

PRÉPARATION

• Déposer les saucisses dans un chaudron rempli d'eau froide, amener à ébullition, laisser mijoter 5 min et égoutter. Terminer la cuisson sur le barbecue ou dans une poêle à fond cannelé environ 5 min.

• Dans une autre poêle, faire revenir les oignons dans le beurre et l'huile. Ajouter les pommes, les baies de genièvre et cuire jusqu'à ce que le tout soit compoté. Assaisonner au goût.

• Servir les saucisses sur la compote. Accompagner de pommes de terre rissolées et d'un cordon de sauce brune.

INGRÉDIENTS

- 8 saucisses de porc (Toulouse, boudin blanc ou autre)
- 4 oignons moyens, hachés
- 2 c. à soupe de beurre
- 2 c. à soupe d'huile de canola (colza)
- 4 pommes, en quartiers
- 4 baies de genièvre
- Sel et poivre

Pain de porc du verger à la sauce aux asperges

4 portions · Préparation : 20 min · Cuisson : 1 h 10

INGRÉDIENTS

FARCE AUX FRUITS

- 2 c. à soupe d'huile végétale
- 180 g (1 tasse) de pommes, en petits dés
- 90 g (½ tasse) de poires, pelées et coupées en petits dés
- 45 g (¼ tasse) de céleri, haché finement
- 45 g (¼ tasse) d'échalotes vertes, émincées
- 45 g (¼ tasse) de poivrons verts, en petits dés
- 45 g (¼ tasse) de poivrons rouges, en petits dés
- 45 g (¼ tasse) de raisins secs
- 60 ml (¼ tasse) de gelée de pomme claire

PAIN DE PORC

- 480 g (1 lb) de porc haché maigre
- 45 g (½ tasse) de flocons d'avoine
- 4 c. à soupe de parmesan, râpé finement
- 1 œuf
- 60 g (¼ tasse) de yogourt nature
- 1 c. à soupe de moutarde de Dijon
- ½ c. à café (½ c. à thé) de sel et de poivre noir frais moulu
- 1 c. à café (1 c. à thé) de poudre de macis (facultatif)
- 1 c. à café (1 c. à thé) de muscade moulue

SAUCE AUX ASPERGES

- Environ 10 asperges coupées en conserve, réduites en purée avec le liquide
- 125 g (½ tasse) de yogourt nature
- 60 ml (¼ tasse) de gelée de pomme claire
- 60 ml (¼ tasse) de bouillon de poulet
- Sel et poivre noir frais moulu
- 1 c. à soupe de crème légère (15 %)

BEURRE MANIÉ

- 1 c. à soupe de beurre mou
- 1 c. à soupe de farine

PRÉPARATION

FARCE AUX FRUITS

• Chauffer l'huile à feu doux, couvrir et faire suer les fruits, les légumes et les raisins de 3 à 5 min en remuant de temps à autre. Incorporer la gelée de pomme et laisser mijoter de 3 à 5 min à découvert. Laisser le mélange reposer à température ambiante et réserver.

PAIN DE PORC

• Incorporer à la viande, les flocons d'avoine, le parmesan, l'œuf, le yogourt et la moutarde. Saler, poivrer et ajouter le macis et la muscade. Bien travailler le mélange. Incorporer délicatement la farce de fruits et de légumes au mélange de viande. Déposer la préparation dans un moule à pain légèrement huilé. Cuire à 180 °C (350 °F) de 50 à 60 min. Laisser reposer avant de démouler et de découper. Servir avec la sauce aux asperges.

SAUCE AUX ASPERGES

• Mélanger tous les ingrédients de la sauce (sauf la crème) et chauffer à feu doux. Lier le beurre manié, l'incorporer à la sauce et laisser cuire quelques minutes. Rectifier l'assaisonnement et crémer au moment de servir.

Tourte au porc haché et aux épinards

4 portions · Préparation : 10 à 15 min · Cuisson : 40 à 45 min

PRÉPARATION

- Précuire le fond de tarte au four tel qu'indiqué sur l'emballage.
- Chauffer l'huile à feu moyen dans une poêle antiadhésive. Faire revenir les oignons 3 min. Ajouter le porc, le vin, la muscade, la cannelle et le paprika. Cuire à feu moyen 10 min, saler, poivrer et laisser reposer.
- Dans un bol, battre les œufs avec la crème et le lait. Saler et poivrer. Faire fondre le beurre dans une poêle antiadhésive et cuire les épinards 1 min. Ajouter le mélange d'œufs, de crème et de lait.
- Étendre le porc dans le fond de tarte. Verser le mélange d'épinards sur la viande et cuire au four à 180 °C (350 °F) de 25 à 30 min. Découper en pointes et servir.

INGRÉDIENTS

- 1 fond de tarte de 20 cm (8 po) de diamètre vendu dans le commerce
- 2 c. à soupe d'huile végétale
- 1 oignon, haché
- 150 g (5 oz) de porc haché maigre
- 80 ml (1/3 tasse) de vin blanc
- 1/2 c. à café (1/2 c. à thé) de muscade moulue
- 1/2 c. à café (1/2 c. à thé) de cannelle moulue
- 1/2 c. à café (1/2 c. à thé) de paprika
- Sel et poivre
- 4 œufs
- 80 ml (1/3 tasse) de crème épaisse (35 %)
- 2 c. à soupe de lait (2 %)
- 2 c. à soupe de beurre
- 250 g (1 tasse) d'épinards frais, hachés

Croustade à la mexicaine

6 portions · Préparation : 30 min · Cuisson : 1 h 15

- Dans un grand bol, mélanger le porc, les oignons, la chapelure, les œufs, la salsa, la crème et les condiments. Presser dans un moule à fond amovible huilé de 23 cm (9 po) de diamètre. Mélanger les nachos et le fromage. Répartir le mélange de nachos sur le gâteau de porc. Presser pour faire adhérer à la viande.
- Préchauffer le four à 180 °C (350 °F). Cuire la croustade à découvert environ 1 h 15, jusqu'à ce que la température interne atteigne 68 °C (140 °F). Pour servir, garnir de crème sure, de coriandre et d'un quartier de citron vert. Accompagner d'une salade de haricots.

- 1 kg (2 lb) de porc haché maigre
- 2 oignons, hachés finement
- 90 g (1 1/2 tasse) de chapelure
- 3 œufs, battus
- 300 ml (1 1/4 tasse) de salsa épaisse
- 160 ml (2/3 tasse) de crème sure (14 %)
- 5 c. à café (5 c. à thé) de zeste de citron vert, râpé
- 1 c. à café (1 c. à thé) d'origan séché
- 2 c. à café (2 c. à thé) d'assaisonnement au chili
- 1 c. à café (1 c. à thé) de poudre d'ail
- Sel et poivre noir frais moulu
- Tabasco
- 60 g (2 oz) de nachos, émiettés
- 90 g (3 oz) de fromage monterey ou cheddar, râpé
- Brins de coriandre fraîche
- Quartiers de citron vert
- Crème sure (14 %)

Tourte au porc haché et aux épinards

À LA MÉDITERRANÉENNE

Jarrets de porc braisés à l'italienne

4 à 6 portions · Préparation : 30 min · Cuisson : 1 h 50

PRÉPARATION

- Cuire les jarrets 20 min dans une grande casserole d'eau bouillante salée.
- Préchauffer le four à 160 °C (325 °F). Chauffer l'huile dans un poêlon et faire revenir les oignons, les carottes et les tomates de 2 à 3 min. Incorporer le basilic, l'ail et la pâte de tomate, puis étaler le tout dans le fond d'un plat muni d'un couvercle et allant au four. Déposer les jarrets bien égouttés sur le dessus. Ajouter le bouillon. Assaisonner, couvrir et cuire environ 1 h 30, jusqu'à ce que la viande soit très tendre.
- Entre-temps, préparer la gremolata en mélangeant les zestes, le persil et l'ail. Réserver.
- Servir les jarrets avec un peu de sauce et garnir avec une cuillerée de gremolata.

INGRÉDIENTS

- 2 jarrets de porc arrière de 600 g (1 ¼ lb) chacun, coupés en 3 ou 4 morceaux
- 3 c. à soupe d'huile d'olive
- 2 oignons, hachés
- 1 carotte, en dés
- 3 tomates italiennes, en dés
- 1 c. à café (1 c. à thé) de basilic séché
- 1 gousse d'ail, pressée
- 3 c. à soupe de pâte de tomate
- 500 ml (2 tasses) de bouillon de volaille
- Sel et poivre noir frais moulu

GREMOLATA

- Le zeste d'un citron, haché finement
- Le zeste d'une orange, haché finement
- 3 c. à soupe de persil frais, haché finement
- 1 gousse d'ail, hachée finement

Fusilli et fantaisies de porc à l'orientale

4 portions · Préparation : 30 min · Cuisson : 15 min

PRÉPARATION

• Faire revenir 2 c. à soupe d'oignons dans le beurre pendant 3 min à feu doux. Dans un bol, mélanger le porc, les oignons cuits, la coriandre, le gingembre, l'ail, le sel et le poivre. Former 12 galettes avec ce mélange, puis les enrober de chapelure et de graines de sésame. Chauffer l'huile et 1 c. à soupe de beurre dans une poêle. Cuire les galettes 3 min de chaque côté et réserver au chaud.

• Cuire les pâtes 8 min dans l'eau bouillante salée et égoutter.

• Dans un grand poêlon ou une casserole, faire sauter les champignons dans l'huile de sésame de 3 à 4 min. Ajouter les poivrons, le gingembre et le sucre et cuire 2 min. Ajouter le jus de citron vert, le vinaigre et le bouillon. Amener à ébullition. Ajouter les pousses de bambou et la sauce soja et laisser mijoter 2 min. Ajouter la fécule de maïs à la préparation pour lier légèrement. Retirer du feu, ajouter les germes de haricot, rectifier l'assaisonnement et mélanger avec les pâtes. Déposer une portion de pâte dans chaque assiette et garnir avec les galettes de porc et la coriandre.

INGRÉDIENTS

- 3 c. à soupe de beurre
- 40 g (1/3 tasse) d'oignons, hachés
- 720 g (1 1/2 lb) de porc haché maigre
- 2 c. à soupe de coriandre fraîche, hachée
- 2 c. à café (2 c. à thé) de gingembre, râpé
- 1 c. à café (1 c. à thé) d'ail, haché
- Sel et poivre noir frais moulu
- 30 g (1/2 tasse) de chapelure
- 3 c. à soupe de graines de sésame
- 3 c. à soupe d'huile végétale
- 480 g (1 lb) de fusilli
- 2 c. à soupe d'huile de sésame
- 250 g (1 1/3 tasse) de champignons, en tranches
- 1 poivron rouge, en lanières
- 2 c. à café (2 c. à thé) de gingembre frais, émincé finement
- 1 c. à soupe de sucre
- 1 c. à soupe de jus de citron vert
- 1 c. à soupe de vinaigre de riz
- 200 ml (3/4 tasse) de bouillon de volaille
- 1 boîte de 200 g (7 oz) de pousses de bambou en tranches
- 1 c. à soupe de sauce soja
- 1 c. à café (1 c. à thé) de fécule de maïs, délayée dans un peu d'eau
- 200 g (1 tasse) de germes de haricot
- 1 c. à soupe de coriandre fraîche, hachée

Porc sur lit de couscous

4 portions · Préparation : 15 min · Cuisson : 6 à 8 min

PRÉPARATION

- Dans un bol, mélanger l'huile, le vin, le thym, le cumin, l'ail et le poivre. Réserver 60 ml (¼ tasse) dans le réfrigérateur. Dans un contenant hermétique, déposer les steaks de porc dans le reste de la marinade et bien enrober. Couvrir et laisser mariner de 2 à 6 h dans le réfrigérateur.
- Griller le porc à chaleur moyenne de 6 à 8 min sur le barbecue, sous le gril du four ou dans un poêlon. Retourner avec une pince à mi-cuisson. Saler après la cuisson. Découper le steak en fines lanières.
- Mélanger le couscous, le persil, les tomates, les pignons et les raisins. Répartir dans les assiettes et déposer le steak émincé. Réchauffer la marinade réservée et verser sur la viande.

INGRÉDIENTS

- 125 ml (½ tasse) d'huile d'olive
- 60 ml (¼ tasse) de vin blanc sec
- 10 g (¼ tasse) de thym frais, haché ou 1 c. à soupe de thym séché
- 2 c. à café (2 c. à thé) de cumin moulu
- 1 gousse d'ail, pressée
- Poivre noir frais moulu
- 4 steaks de porc de 150 g (5 oz) chacun
- Sel
- 360 g (2 tasses) de couscous cuit
- 20 g (½ tasse) de persil frais, haché
- 100 g (½ tasse) de tomates cerises, coupées en deux
- 30 g (¼ tasse) de pignons
- 45 g (¼ tasse) de raisins secs

Porc à la méditerranéenne

6 portions · Préparation : 10 min · Cuisson : 1 h 20

- Dans une casserole, chauffer l'huile et faire dorer le porc. Ajouter l'ail et les oignons. Faire revenir encore 5 min. Ajouter les tomates et les assaisonnements. Couvrir et laisser mijoter 1 h. Ajouter les aubergines, les courgettes et les poivrons. Poursuivre la cuisson 10 min de plus. Ajouter la pâte de tomate et cuire de 5 à 10 min. Rectifier l'assaisonnement. Retirer le thym et le laurier. Ajouter le basilic. Servir sur un lit de couscous.

- 3 ½ c. à soupe d'huile d'olive
- 1 kg (2 lb) de porc, en cubes
- 1 gousse d'ail, hachée
- 1 oignon, haché
- 1 boîte de 800 g (28 oz) de tomate en dés dans leur jus
- ½ c. à café (½ c. à thé) de marjolaine
- ½ c. à café (½ c. à thé) de sauge
- 1 pincée d'estragon
- 1 feuille de laurier
- 1 grosse tige de thym frais
- Sel et poivre noir frais moulu
- 600 g (3 tasses) d'aubergines, en cubes
- 600 g (3 tasses) de courgettes, en tranches épaisses
- 2 poivrons jaunes, en gros cubes
- 2 c. à soupe de pâte de tomate
- 2 c. à café (2 c. à thé) de basilic frais, haché
- 6 portions de couscous cuit

Porc sur lit de couscous

Émincé de porc à la sauge et rotini à la crème

4 portions · Préparation : 20 min · Cuisson : 15 min

INGRÉDIENTS

- 480 g (1 lb) de rotini
- 600 g (1 ¹/₄ lb) de languettes de porc
- 2 c. à soupe de beurre
- 300 g (2 tasses) de champignons café, coupés en deux
- 2 c. à soupe d'échalotes, hachées
- 125 ml (¹/₂ tasse) de vin blanc sec
- 175 ml (³/₄ tasse) de crème épaisse (35 %)
- 120 g (²/₃ tasse) de pois mange-tout, émincés en filaments et blanchis
- 4 c. à soupe d'huile d'olive
- 1 c. à café (1 c. à thé) d'ail, haché
- 2 c. à café (2 c. à thé) de sauge fraîche, hachée ou un peu moins de sauge séchée
- Sel et poivre noir frais moulu

PRÉPARATION

• Cuire les rotini 8 min dans l'eau bouillante salée et égoutter.

• Poivrer les languettes de porc. Dans une poêle, saisir la viande 2 min dans le beurre chaud à feu moyen-élevé. Réserver.

• Dans la même poêle, sauter les champignons et les échalotes de 3 à 4 min. Ajouter le vin et faire réduire de moitié. Verser la crème et faire réduire du tiers. Ajouter les pois mange-tout et les languettes de porc. Réchauffer rapidement et retirer du feu immédiatement. Saler et bien relever de poivre.

• Dans une grande poêle, chauffer l'huile, ajouter l'ail sans le colorer, puis les rotini et la sauge. Dresser les pâtes dans l'assiette, déposer l'émincé de porc et la sauce au centre.

SAUCES, MARINADES ET ENROBAGES

INGRÉDIENTS

PRÉPARATION

Salsa exotique

750 ml (3 tasses) · Préparation : 10 min · Cuisson : 5 min

- 1 c. à soupe d'huile d'olive
- 1 oignon, en fines rondelles
- 1 mangue mûre, pelée et hachée grossièrement
- 3 tomates fraîches, en dés
- ½ à 1 c. à café (½ à 1 c. à thé) de sauce au piment (de type tabasco ou thaï)
- 2 c. à soupe de coriandre fraîche, hachée
- Sel et poivre noir frais moulu

• Chauffer l'huile à feu moyen dans une poêle antiadhésive. Faire sauter les oignons 2 min. Ajouter les mangues et les tomates et cuire 2 min de plus. Incorporer la sauce au piment et la coriandre. Cuire 1 min. Saler et poivrer.

Salsa à l'avocat et au poivron rouge

500 ml (2 tasses) · Préparation : 10 min · Cuisson : aucune

- 1 c. à soupe d'huile d'olive
- 1 avocat, pelé et haché
- 1 poivron rouge, haché finement
- 2 c. à soupe d'oignons rouges, hachés finement
- 10 g (¼ tasse) de ciboulette hachée
- Le jus d'un demi-citron vert
- ¼ c. à café (¼ c. à thé) de piment en flocons
- Sel et poivre noir frais moulu

• Mélanger tous les ingrédients dans un bol. Couvrir et laisser reposer 30 min dans le réfrigérateur (pour plus de goût, laisser reposer de 1 à 2 h).

Tzatziki au basilic

250 g (1 tasse) · Préparation : 10 min · Cuisson : aucune

- 250 g (1 tasse) de fromage Quark ou de yogourt nature ferme
- 2 c. à soupe de jus de citron
- 1 gousse d'ail, pressée
- 1 concombre épépiné, réduit en purée et égoutté
- 10 feuilles de basilic frais, hachées
- Sel et poivre noir frais moulu

• Mélanger tous les ingrédients, couvrir et laisser macérer dans le réfrigérateur de 2 à 12 h.

PRÉPARATION

INGRÉDIENTS

Sauce satay aux arachides

250 ml (1 tasse) · Préparation : 5 min · Cuisson : 10 min

- 4 c. soupe de beurre d'arachide croquant
- 1 c. à soupe de sauce soja
- 1 c. à soupe de jus d'ananas
- 1 c. à café (1 c. à thé) de cassonade bien tassée
- 1 c. à café (1 c. à thé) de jus de citron vert
- 125 ml (1/2 tasse) de lait de coco

• Dans une poêle antiadhésive, chauffer le beurre d'arachide, la sauce soja, le jus d'ananas, la cassonade et le jus de citron vert à feu moyen. Bien remuer. Verser lentement le lait de coco et faire mijoter. Laisser épaissir à feu doux.

Sauce aux canneberges et au porto

425 ml (1 3/4 tasse) · Préparation : 5 min · Cuisson : 10 à 12 min

- 1 c. à soupe d'huile de canola (colza)
- 1/2 oignon, en fines rondelles
- 200 g (1 tasse) de canneberges fraîches ou surgelées
- 175 ml (3/4 tasse) de porto
- 4 c. à soupe de miel liquide
- 2 c. à soupe de feuilles de romarin frais
- Sel et poivre noir frais moulu

• Chauffer l'huile à feu moyen dans une poêle antiadhésive. Faire sauter les oignons et les canneberges de 5 à 6 min. Ajouter le porto, le miel et le romarin. Amener à ébullition à feu moyen-élevé. Laisser réduire de 3 à 4 min en remuant. Saler et poivrer.

Sauce moutarde à l'orange

125 ml (1/2 tasse) · Préparation : 5 min · Cuisson : 10 min

- 175 ml (3/4 tasse) de jus d'orange
- 4 c. à café (4 c. à thé) de moutarde de Dijon
- 1 c. à café (1 c. à thé) de zeste d'orange
- 1 c. à café (1 c. à thé) de romarin séché
- 2 c. à café (2 c. à thé) de fécule de maïs, délayée dans un peu d'eau

• Dans une poêle antiadhésive, amener le jus à ébullition et ajouter la moutarde, le zeste, le romarin et laisser réduire du tiers. Incorporer la fécule et laisser épaissir à feu doux.

Sauce à la crème de cassis

250 ml (1 tasse) · Préparation : 5 min · Cuisson : 10 min

- 250 ml (1 tasse) de bouillon de légumes ou de volaille
- 160 ml (2/3 tasse) de liqueur de crème de cassis
- 2 c. à café (2 c. à thé) de fécule de maïs, délayée dans un peu d'eau

• Dans une poêle antiadhésive, amener le bouillon et la crème de cassis à ébullition et laisser réduire du tiers. Incorporer la fécule et laisser épaissir à feu doux.

INGRÉDIENTS

PRÉPARATION

Marinade tropicale

175 ml (3/4 tasse) · Préparation : 5 min · Cuisson : aucune

- 125 ml (1/2 tasse) de jus de fruits tropicaux
- 1 c. à café (1 c. à thé) d'huile d'olive
- 2 c. à soupe de gingembre frais, haché
- 2 à 3 gousses d'ail, hachées finement
- 1 c. à soupe de cassonade bien tassée
- 1 c. à soupe de zeste de citron vert

• Dans un bol, mélanger le jus, l'huile, le gingembre, l'ail, la cassonade et le zeste de citron vert. Bien enrober le porc avec ce mélange. Couvrir et laisser mariner 20 min dans le réfrigérateur (pour plus de tendreté, laisser mariner de 1 à 6 h).

Marinade à l'érable

80 ml (1/3 tasse) · Préparation : 5 min · Cuisson : aucune

- 2 c. à soupe de sauce soja
- 3 c. à soupe de sirop d'érable
- 1 ou 2 gousses d'ail, pressées
- 1/2 c. à café (1/2 c. à thé) de graines de coriandre, moulues
- 1/2 c. à café (1/2 c. à thé) de tabasco (sauce aux piments)
- Sel poivre noir frais moulu
- 1 c. à soupe de persil frais, haché

• Dans un bol, mélanger la sauce soja, le sirop d'érable, l'ail, la coriandre, le tabasco, le poivre et le persil. Bien enrober le porc avec ce mélange. Couvrir et laisser mariner 20 min dans le réfrigérateur (pour plus de tendreté, laisser mariner de 1 à 6 h).

Marinade à la bière

400 ml (1 2/3 tasse) · Préparation : 5 min · Cuisson : aucune

- 340 ml (12 oz) de bière au choix
- 2 c. à soupe de moutarde de Dijon
- 4 c. à soupe de feuilles de fenouil, hachées
- 2 c. à café (2 c. à thé) de sarriette moulue
- 3 gousses d'ail, hachées finement
- 2 c. à café (2 c. à thé) de flocons d'oignons secs
- Poivre noir frais moulu

• Dans un bol, mélanger la bière, la moutarde, le fenouil, la sarriette, l'ail, les flocons d'oignons et le poivre. Bien enrober le porc avec ce mélange. Couvrir et laisser mariner 20 min dans le réfrigérateur (pour plus de tendreté, laisser mariner de 1 à 6 h).

Marinade à l'italienne

175 ml (3/4 tasse) · Préparation : 5 min · Cuisson : aucune

PRÉPARATION

• Dans un bol, mélanger l'huile, le vinaigre, l'origan, l'ail et le poivre. Bien enrober le porc avec ce mélange. Couvrir et laisser mariner 20 min dans le réfrigérateur (pour plus de tendreté, laisser mariner de 1 à 6 h).

INGRÉDIENTS

- 125 ml (1/2 tasse) d'huile d'olive
- 60 ml (1/4 tasse) de vinaigre de vin rouge
- 60 ml (1/4 tasse) d'origan frais
- 1 gousse d'ail, pressée
- Poivre noir frais moulu

Marinade au vin blanc et aux herbes fraîches

175 ml (3/4 tasse) · Préparation : 5 min · Cuisson : aucune

• Dans un bol, mélanger le vin, les herbes, l'huile, le vinaigre et le poivre. Bien enrober le porc avec ce mélange. Couvrir et laisser mariner 20 min dans le réfrigérateur (pour plus de tendreté, laisser mariner de 1 à 6 h).

- 125 ml (1/2 tasse) de vin blanc
- 3 c. à soupe d'herbes fraîches au choix (persil, origan, basilic, ciboulette, etc.), hachées
- 2 c. à soupe d'huile d'olive
- 1 c. à soupe de vinaigre balsamique
- Poivre noir frais moulu

Marinade à la mode bistro

160 ml (2/3 tasse) · Préparation : 5 min · Cuisson : aucune

• Dans un bol, mélanger l'huile, le vinaigre, la sauce soja, les oignons et le poivre. Bien enrober le porc avec ce mélange. Couvrir et laisser mariner 20 min dans le réfrigérateur (pour plus de tendreté, laisser mariner de 1 à 6 h).

- 4 c. à soupe d'huile de canola (colza)
- 2 c. à soupe de vinaigre de riz
- 2 c. à soupe de sauce soja
- 1 oignon vert, haché finement
- Poivre noir frais moulu

ENROBAGES

INGRÉDIENTS

PRÉPARATION

Enrobages d'épices

- TEX-MEX
  Poudre de chili, paprika, flocons de piment
- THAÏ
  Arachides moulues grossièrement, piment séché broyé, basilic séché
- BRÉSILIEN
  Piment de la Jamaïque moulu, feuilles de laurier émiettées, zeste de citron vert
- FRANÇAIS
  Zeste d'orange, estragon séché, moutarde anglaise en poudre
- PROVENÇAL
  Herbes de Provence (ou mélange de thym, romarin et marjolaine séchés), tomates séchées, hachées finement
- ITALIEN
  Parmesan râpé, origan moulu et persil séché
- FORESTIER
  Champignons séchés finement émiettés, moutarde anglaise en poudre et thym séché
- ORIENTAL
  Graines de sésame moulues grossièrement, gingembre séché, zeste de citron et un soupçon de sucre
- CUBAIN
  Poivre noir moulu grossièrement, cannelle et paprika

Voici quelques suggestions d'enrobages qui sauront rehausser et colorer vos entrées et qui deviendront des sources d'inspiration pour vos recettes personnelles.

Pour chaque différent type d'enrobage choisi :

• Bien mélanger tous les ingrédients dans un bol. Frotter toutes les faces de la viande avec ce mélange et, si désiré, laisser mariner 20 min dans le réfrigérateur (pour plus de goût, laisser mariner de 1 à 6 h). Saler après cuisson seulement.

Index des recettes

Crédits photographiques

La Fédération des producteurs de porcs du Québec : pages 7, 9, 39, 40, 44, 51, 53, 54, 57, 69, 70, 71, 73, 74, 78, 85, 89, 93, 96, 99, 105, 118, 121,122, 125

Tango : pages 2, 5, 8, 10, 11, 16, 19, 20, 23, 24, 27, 32, 35, 43, 47, 52, 58, 61, 65, 66, 77, 81, 86, 90, 100, 106, 108, 110, 113, 117, 126
Styliste culinaire : Éric Régimbald
Styliste accessoiriste : Véronique Gagnon Lalanne

Achevé d'imprimer au Canada
en août 2004
sur les presses des Imprimeries Transcontinental Inc.